홀로
지키는
섬

| 독도 편 |

1판 1쇄 발행 2021년 10월 19일
1판 2쇄 발행 2022년 6월 3일

글 김기정 | 그림 장경혜 | 펴낸곳 한권의책 | 펴낸이 김남중
교정 한지연 | 디자인 나비 | 스캔 공간
주소 (우)03968 경기도 파주시 노을빛로 109-26(202호)
출판등록 제406-251002011000317호
전자우편 knamjung@hanmail.net
전화 031-945-0762 | 팩스 031-946-0762

김기정·장경혜 ⓒ2021

ISBN 979-11-85237-55-8 74810
ISBN 979-11-85237-41-1 (세트)

이 책의 글과 그림은 저작권법에 의하여 보호받는 저작물입니다.
잘못 만들어진 책은 구입하신 곳에서 바꾸어 드립니다.

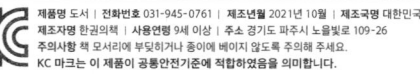

홀로 지키는 섬

—독도 편—

김기정 글 · 장경혜 그림

한권의책

| 차례 |

용감한 아이　8

돛단배　14

독섬　22

고모와 도적놈　31

해적 패거리　46

독섬을 지키는 이들　57

파란 돌　67

| 역사의 한 순간 |　70

만약 시간 여행을 할 기회가 생긴다면?
어느 곳, 어느 시간으로 가서
누구를 만나 무엇을 하고 싶은가요?
여기 이돌이 그렇습니다. 어느 날 우연히
비밀스러운 문을 발견하고 과거로 여행을 다녀오죠.
단, 시간과 장소를 고를 수 없다는 점.
어쨌든 이돌은 이 여행을 함께할 동무가 생길 참입니다.

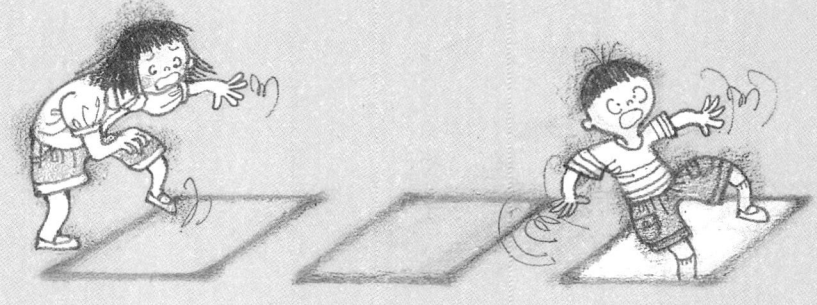

용감한 아이

오전 10시, 자야가 초록 문 앞에서 기다리고 있었어요. 저번 이 자리에 섰을 때랑은 사뭇 달라요. 쭈뼛거리지도 않고 겁먹은 표정도 아니죠.

이돌을 빤히 쳐다보며 자야가 말했어요.

"너, 초록 대문 얘기를 누구한테 한 건 아니지?"

"당연하지. 그 얘길 누가 믿겠냐? 너도 처음엔 안 믿어 놓고."

"이젠 믿잖아."

이돌은 웃음이 나려는 걸 겨우 참았어요.

자야는 꽤나 심각해 보였어요.

"이건 세상 어디에도 없을 대사건이거든. 굉장한 거라고! 나도 처음엔 믿기지 않고 또 겁도 났지만, 용감해지기로 마음먹었어."

"어떻게?"

자야는 미리 써 놓은 대사라도 읊듯 주절주절 말을 이어 갔어요.

"이 시간 여행에서 대단한 일을 할 거야……."

과거로 시간 여행을 가서 누군가를 만나면 앞으로 벌어질 사건들을 미리 일러 주고, 또 역사도 바꿔 보겠다고요. 그래서 요 며칠 역사 공부를 그렇게 열심히 했다네요.

"이순신 장군은 마지막 전투에서 돌아가셨잖아. 우리가 막을 수 있어."

이돌은 자야가 늘어놓는 말들이 귓등으로도 안 들

렸어요. 여태 여섯 번이나 과거로 시간 여행을 했지만, 그럴 겨를은 단 한 번도 없었으니까요. 허둥지둥, 우당탕퉁탕…… 그러다가 정신 차리고 보면, 어느새 초록 문 앞이잖아요. 몇 번은 아주 위험하기까지 했다고요.

이돌이 심드렁한 얼굴을 하자, 자야가 팔뚝을 꼬집으며 말했습니다.

"……그리고 이 미련퉁이야, 넌 어찌 된 애가 이상하다고 생각하지를 않아?"

"뭘?"

"그 돌멩이 말이야. 돌멩이를 찾아 손에 쥐면 현재로 돌아오잖아. 그 비밀을 풀어야 하지 않냐고."

"그걸 어떻게 아는데?"

"으이구, 그러니까 풀어야지. 돌멩이가 모두 몇 개였더라?"

이돌은 가슴이 철렁했어요.

자야는 수첩을 펼치며 말했어요.

"네 개였네. 초록색, 붉은색, 까만색, 노란색! 내가 미리 조사를 좀 해 봤는데, 우리나라는 옛날부터 다섯 가지 색을 신비롭게 여겼대. 빨강, 파랑, 노랑, 검정, 하양."

이돌이 시침을 뚝 떼고 물었어요.

"파랑과 하양은 없는데?"

"초록은 파랑이랑 통하니까, 같은 걸로 쳐야지. 아무튼 이번 여행에선 하얀 돌일 거야."

이돌은 침만 꼴깍 삼켰습니다. 자야는 이돌이 자기 모르게 두 번이나 더 시간 여행을 다녀왔다는 걸 모르고 있잖아요. 거기서 하얀색 돌과 주황색 돌을 벌써 찾았다는 것도요.

"그래서 그걸 다 모으면 어떻게 되는데……?"

자야는 눈을 동그랗게 떴어요.

"다섯 개 돌이 다 모이면 짜잔! 그때 알게 되겠지,

비밀을!"

아니요. 절대 그럴 일은 없어요. 만약 비밀이 풀리는 순간이 온다면······.

자야가 이돌 손을 꼭 잡았어요. 이돌은 움찔했어요.

"자, 출발이야."

둘은 대문 안으로 한 발 내딛었어요.

초록 문을 들어서면서도 이돌은 걱정이 앞섰어요.

'이번엔 괜찮을까?'

왜냐면 지난번에 자야가 초록 문을 뒤따라 들어섰을 때, 이돌과 자야는 한참 동안 헤어져 있었기 때문입니다.

이돌의 손에 힘이 들어갔습니다.

'이번에는 절대로 놓치지 않을 거야.'

이돌은 괜히 우쭐해지고 힘이 솟았습니다.

자, 일곱 번째 여행이 시작되었습니다.

돛단배

대문 안으로 들어서서도 이돌의 눈은 자야에게 쏠렸어요.

'이돌, 손 놓으면 안 돼.'

자야의 눈도 그렇게 말하고 있었어요.

어느덧 눈앞이 조금씩 환해지고 있었습니다. 아직은 손에 자야의 손이 느껴졌습니다.

비릿한 냄새가 코끝을 스쳤어요.

이돌!

귓가에 이돌을 부르는 소리가 들렸어요. 마음이 놓였어요. 지금껏 이돌은 친구들에게 '돌멩이'니 '돌머리'니 놀림을 당했죠. 더구나 과거 여행에서 이돌이라고 부르는 이는 어디에도 없었어요.

'내 이름이 이렇게 반갑게 들리다니.'

어리어리하던 앞이 또렷해졌습니다.

눈앞에 있는 아이는 까무잡잡한 얼굴에 양 갈래로 머리를 땋았어요. 동그란 눈을 이돌한테 바짝 들이대며 말했어요.

"이돌, 정신 차려."

'앗! 자야다.'

자야랑 무사히 도착한 거였습니다.

"자야, 너니?"

자야는 입을 꾹 다물고는 턱으로 한쪽을 가리켰습니다.

'돛단배?'

그러고 보니 이돌과 자야는 배의 앞머리에 앉아 있는 게 아닌가요. 배 끄트머리엔 웬 아저씨가 기다란 노를 이쪽저쪽으로 젓고 있었어요.

배 한가운데에는 네모난 돛이 달려 있었습니다. 그 너머에서 노를 젓고 있는 아저씨는 키는 크지 않았지만 다부진 몸집이에요. 어른 키보다 큰 노를 작대기 다루듯 가뿐하게 움직였어요.

하나 거기까지예요. 사방은 안개로 자욱했어요. 한 치 앞도 보이지 않았어요. 출렁거리는 파도와 배뿐이었습니다. 파도가 철벅철벅 뱃머리에 부딪칠 때마다 노에서는 끼익끼익 소리가 났습니다.

자야가 속삭였어요.

"누굴까?"

"몰라."

잠시 뒤, 아저씨의 목소리가 왕왕 울렸어요.

"요놈들, 좀 전까지 떡 한 점 갖고 서로 먹겠다고 아웅다웅하더니, 갑자기 꿀 먹은 벙어리가 되었느냐!"

그제야 이돌은 자야와 아직도 손을 잡고 있는 걸 알아차렸죠. 시커멓게 때 낀 손아귀에는 정말 떡이 한 조각 짓이겨져 있지 뭐예요.

'떡을 갖고 다투었다고?'

이돌과 자야는 화들짝 놀라 맞잡고 있던 손을 놓고는 뒤로 물러앉았어요. 떡이 바닥에 떨어졌습니다.

이어 쿵쿵! 발소리가 들렸어요. 아저씨가 뱃머리로 다가오고 있었어요.

"집에선 '독섬에 빨리 가자!' 하고 그렇게 조르던 녀석들이……."

아저씨의 몸집은 우람했어요. 목소리는 더 우렁우렁했죠.

"여느 오누이들은 살갑게 사이도 좋더구먼, 워째 내 새끼들은 밤낮 싸움질이여."

'오누이? 내 새끼들?'

이돌은 얼굴을 구겼고 자야는 우웩, 헛구역질 시늉을 했어요.

이곳에서는 둘이 남매 사이란 말이잖아요. 거기다 우락부락하게 생긴 이 아저씨가 아버지라니요…….

가까이에서 본 아저씨는 더 무서웠어요. 털보에다 눈은 툭 불거졌고 햇볕에 검게 그은 얼굴엔 굵은 주름이 가득했어요. 게다가 말소리는 파도 소리보다도 컸습니다.

이돌은 배 난간을 붙잡고 눈만 멀뚱거렸어요. 자야도 다르지 않아요. 입술이 파랗게 질렸어요.

아저씨는 뱃머리에 서서 솥뚜껑 같은 손을 솔잎 같은 눈썹 위에 얹고 안개 너머를 뚫어져라 살피다가 껄껄 웃어 젖혔어요.

"요 녀석들아, 다 왔다. 독섬이다!"

그러곤 손나팔을 하고서 외쳤습니다.

"어이, 독섬! 잘 있었는가!"

친한 동무를 부르는 말투였어요.

"여기 조선 어부 대장 백장사가 또 왔네. 이번엔 내 새끼들도 데리고 왔다야."

이돌은 백장사란 이름이 아저씨와 퍽 어울린다고 생각했어요.

백장사는 퍽퍽 소리 나게 가슴을 두드렸습니다.

"1년에 열 번도 넘게 온다만, 매번 이 아비 가슴이 벌렁거리는 것 좀 봐라. 어떠냐!"

이돌과 자야 눈앞으로 신비로운 광경이 펼쳐지고 있었습니다.

독섬

해가 비추는가 싶더니 안개가 눈 깜짝할 사이 사라졌어요. 그 너머에는 어마어마한 거인이 우뚝 서 있었지요.

'독섬?'

깎아지른 절벽 위로 솟은 봉우리는 하늘을 받치고 있는 것 같았죠. 섬이라기보단 온전히 바윗덩어리라고 하는 게 맞아요. 우람한 장수가 바다 한가운데에 떡하니 버티고 서 있는 것처럼 보였습니다.

'앗, 저 섬은……!'

자야는 그 섬을 한눈에 알아봤어요. 책과 텔레비전에서 수없이 보았거든요. 이돌은 그저 눈을 휘둥그렇게 뜨고 입을 쩍 벌린 채 서 있을 뿐이에요. 자야가 단번에 기억해 내서 그나마 다행이죠.

자야는 중얼거리듯 말했습니다.

"독도잖아!"

이돌이 엉겁결에 큰 소리로 대꾸했어요.

"정말? 내가 아는 그 독도라고?"

그때 뱃머리에 섰던 백장사가 뒤돌아보았습니다.

"독도라니, 뭔 말이냐?"

"독섬이 아니라 독도라고요!"

자야의 대꾸에 백장사는 너털웃음을 쳤어요.

"서이야, 양반이나 하는 문자를 어디서 주워들은 거냐? '도'는 무슨, 섬을 '섬'이라 불러야지. 서이야, 잘 들어라. 저건 독섬이다. 돌로 된 섬이라 해서 그리

부른다. 우리 조선 어부들이 붙인 이름이지."

자야는 이돌 쪽을 쳐다보며 눈을 찡긋했어요. 그건 방금 자기 이름을 알아냈다는 뜻이기도 했습니다.

'내 이름은 서이야.'

바람이 불어오고 돛이 바람에 부풀었어요. 배가 속도를 내어 섬을 향해 내달렸습니다. 그럴수록 독도는 점점 커졌어요.

거센 바람과 세찬 파도에 배가 기우뚱하자, 백장사는 재빠르게 배 뒤편으로 달렸습니다. 큰 몸집에 비해 몸놀림이 굉장히 날쌨습니다.

백장사가 노를 잡고서 소리쳤습니다.

"서이야! 동이야! 돛을 잡아라!"

앗, 알았어요! 이돌의 이름은 동이예요. 그나저나 뭘 어쩌라는 걸까요? 이돌과 자야는 서로 얼굴만 멀뚱멀뚱 쳐다봤어요.

'집에선 심부름도 잘 안 하는데.'

'돛을 잡으라고? 어떻게 잡는 건데?'

생각할 겨를도 없이 또 호통 소리가 날아들었어요.

"이놈들아! 뭣 하고 있냐?"

자야의 얼굴은 붉어지고, 이돌은 발을 동동 구르고, 백장사 목소리는 더 사나워졌습니다.

"돌풍에 돛이 멋대로 움직이잖느냐. 돛이 흔들리지 않게 양쪽에서 꽉 잡으라고."

두꺼운 천으로 된 네모난 돛이 바람에 따라 이리저리 움직이고 있었습니다. 이돌과 자야는 서둘러 돛 양쪽을 쥐었어요. 돛은 몸을 가누기 힘들 만큼 제멋대로였어요. 이돌은 온 힘을 다해 버티었어요.

"어라, 이놈들 봐라? 허수아비가 되었나. 멍하니 서 있기만 하네!"

이럴 땐 여간 난감한 게 아닙니다. 이돌은 몇 번이나 겪은 일이에요. 자야는 더할 수밖에요. 동이와 서이였다면 이럴 때 돛을 어떻게 다루는지 훤히 알 테지만, 둘은 그 아이들이 아니었으니까요.

백장사 목소리가 더 커졌어요.

"바람이 부는 쪽으로 돛을 움직여야지. 북서풍이니 서이가 왼쪽으로 더 틀어라. ……그렇지!"

자야의 등줄기엔 땀이 홍건했어요. 이돌도 마찬가지였죠. 그사이 배가 자리를 잡은 듯했습니다. 바람을 타고 파도에 실려 부드럽게 움직였어요.

백장사는 마음을 놓은 듯 노를 힘껏 저었어요.

"저 앞을 봐라. 동쪽에 있는 게 동이고, 맞은편이 서이다."

"……."

무슨 말일까요?

눈앞에 두 섬이 보였어요. 그게 동이, 서이라네요.

백장사가 말했어요.

"아니, 이 녀석들이 오늘따라 말귀가 왜 이리 무뎌? 저게 너희 섬이란 말이다. 동쪽 섬이 동이고, 서쪽 섬은 서이다. 몇 번이나 일러 주지 않았느냐. 너희들 이름은 저 섬에서 따온 거라고."

이돌은 독도가 두 개의 섬으로 이루어져 있다는 것도 지금에야 알았는걸요. 그런데 이 아이들의 이름이 섬 이름이라니.

자야가 이돌에게 넌지시 말했어요.

"야, 내가 더 크다! 서쪽 섬이 두 배는 되겠네. 히히."

그래요. 척 봐도 서쪽에 있는 섬이 훨씬 컸습니다. 이돌은 혀를 쏙 내밀었어요.

자야가 불쑥 백장사 쪽을 향해 외쳤습니다.

"근데 섬에는 왜 가는 거예요?"

백장사가 대답했어요.

"하루아침에 까마귀가 되었냐? 몇 번을 말했냐. 너희들 고모를 만난다고."

"고모가 섬에 살아요?"

백장사는 껄껄 웃음을 터뜨렸어요.

"똑순이 서이가 정말 바보가 된 모양이구나. 제 고모가 어데 사는 줄도 모르다니."

이돌이 재빨리 집게손가락을 입에 갖다 대며 작은 소리로 말했어요.

"쉿! 여기선 함부로 말하면 안 돼. 까딱하다간 들킨다고."

자야는 그제야 자기가 무얼 잘못했는지 깨달았어요. 얼른 이돌에게 소곤거렸죠.

"정말 이러다 숨만 쉬고 있어야겠어."

"이제 알았냐? 얼마나 조심해야 하는지?"

다행히 백장사는 눈치를 못 챈 것 같습니다. 바로 이야기를 늘어놓기 시작했거든요.

"고모가 너희를 업어 키웠다. 떠나던 날까지 너희 두 놈을 품에서 떼어 놓지 못했지. 한데 어느 날 못된 도적놈이 누이를 델꼬 튀었지 뭐냐."

자야가 깜짝 놀라 대꾸했어요.

"납치요?"

"납치? 그게 뭔 말이냐?"

"몰래 억지로 끌고 가는 거죠."

"젠장, 몰래는 아니다만, 업고 뛴 건 맞다."

백장사가 한숨을 내쉬었어요. 뭔가 사연이 있는 게 분명했어요.

이돌이 조심스레 물었습니다.

"납치된 고모를 섬에서 만난단 말이죠?"

"그렇지. 3년 만이다. 누이랑 도적놈은 벌써 와서 기다릴 거다. 떠나면서 3년 뒤 칠석날 만나기로 했으니. 바로 오늘이지."

이돌은 알쏭달쏭했어요. 도적에게 잡혀간 고모를 만난다니요? 그것도 굳이 이 먼 섬까지 와서 만나야 하는 걸까요?

그 사연은 나중에 알아도 될 일이었습니다.

별안간 백장사의 얼굴이 심각해졌거든요. 백장사가

쿵쿵 배를 가로질러 달려왔어요. 뱃머리에 서서 섬을 뚫어지게 쳐다봤어요. 백장사의 얼굴이 금세 굳어졌습니다.

  뭔가 일이 잘못되어 가고 있는 것이었어요.

고모와 도적놈

　

백장사가 갑자기 방향을 틀었어요. 배가 기우뚱하며 빠른 속도로 절벽으로 향했습니다.

"악!"

금방이라도 배가 바위에 부딪혀 산산조각 날 것만 같았죠. 이돌과 자야는 눈을 질끈 감았습니다.

위태로운 순간에 백장사의 노 젓는 솜씨가 빛을 냈어요.

"으라차!" 해 가며 노로 배의 방향을 요리조리 바꾸

는 것입니다. 그렇게 배가 커다란 바위를 아슬아슬 비켜 지나자, 글쎄 절벽 아래에 동굴이 나오지 뭐예요.

백장사는 여전히 굳은 얼굴이었습니다. 조금 전 의기양양하던 모습은 온데간데없었어요.

배가 동굴 안쪽에 들어서자, 백장사가 뱃줄을 돌부리에 매며 말했어요.

"여긴 나밖에 모르는 곳이다. 너희는 어떤 일이 벌어져도 절대 놀라지 마라."

무슨 일일까요?

이돌과 자야는 서로 마주 보았어요. 바짝 긴장이 되었죠.

바위 사이로 좁다란 길이 나 있었어요. 백장사는 바위 사이를 성큼성큼 뛰었지만 이돌과 자야는 엉금엉금 기어야 했습니다.

이윽고 바위 언덕 너머가 보였습니다.

이돌은 또 한 번 "악!" 하고 소리를 질렀어요. 수만

마리는 될 법한 물개들이 바닷가 바위와 자갈밭에 드러누워 있었어요.

"물개들이네!"

이돌의 말에 자야가 대꾸했어요.

"저건 강치야. 책에서 본 적 있어. 독도에서만 사는데 지금은 멸종됐대."

지금? 자야가 지금이라고 한 건 초록 문 저편을 말하는 거예요. 몇백 년쯤 전인 시대에 독도는 강치 세상이었습니다.

이돌과 자야는 한동안 강치들한테서 눈을 떼지 못했습니다.

"꺼억꺼억."

여기저기서 울어 대니 시장 바닥보다 더 시끄러웠죠. 바로 열 걸음 떨어진 곳에 있는 강치 무리는 이돌 일행을 본체만체했습니다. 까만 눈의 강치는 재롱을 피우듯 뒤뚱거리며 걸었지요.

자야가 소리쳤어요.

"어쩜, 동물원에서 본 물개보다 훨씬 귀여워."

이돌이 말했어요.

"이렇게 귀여운 동물이 멸종되었다고?"

이돌이 강치를 더 잘 보려고 고개를 쳐들었을 때였어요. 백장사가 급히 이돌의 머리를 눌렀어요.

"이 녀석아, 지금 구경할 때가 아니다. 네 고모한테 일이 생겼나 보다." 하며 손가락으로 바닷가 한쪽을 가리켰습니다.

100걸음쯤 떨어졌을까요? 그곳은 움푹 들어간 바윗골이었어요. 네댓 사람이 웅크리고 앉아 있는 게 보였습니다.

"저기 맨 안쪽 검은 치마가 네 고모다."

자야가 물었어요.

"다른 이들은요?"

"도적놈들이지."

"예?"

"근데 왜 숨어서 보세요?"

백장사가 다시 손가락으로 바닷가 한편을 가리켰어요. 제법 큰 배가 한 척, 그 옆에 그 반만 한 크기의 배가 한 척 있었죠.

"큰 배는 나도 아는 배다. 도적놈들 거지. 이상한 건 저 작은 배야. 저건 고기잡이배가 아니거든."

그러더니 위쪽을 가리키며 씰룩댔어요.

"이런, 젠장! 저길 봐라. 수상한 놈들이다."

절벽 아래에는 자갈밭이 길게 펼쳐져 있었어요. 이쪽 끝은 고모와 도적이 있는 바윗골이죠. 자갈밭을 가로질러 저 끝에선 연기가 모락모락 올라오고 있었습니다. 일고여덟 명이나 될까? 덩치 큰 사내들이 널브러져서는 왁자지껄 떠들고 있었죠.

백장사는 솔가지 같은 눈썹을 모으고 유심히 살폈습니다.

"칼 찬 놈이 넷, 쇠몽둥이와 철퇴 둘에 창이 하나, 일곱이다. 요즘 세상에 해적 놈들이 설쳐 대다니."

"어머나, 해적이요?"

백장사의 말에 자야가 흠칫하며 이돌의 어깨를 잡았어요. 하지만 이돌도 무섭긴 매한가지인걸요.

자야가 파랗게 질려서 말했어요.

"그럼 고모랑 도적들이 해적한테 잡힌 거예요?"

백장사는 조금도 겁먹지 않은 모습이었죠. 외려 눈을 부라리고 입을 오물댈 뿐이에요. 어떻게 해야 할지 이리저리 따져 보는 모양이었습니다.

이돌은 백장사가 고모를 구해 도망칠 방법을 궁리하고 있다고 생각했죠.

이윽고 백장사가 말했어요.

"아무래도 서둘러야겠다. 조심해서 따라오너라. 아무 데나 무턱대고 밟지 말고 내가 발 디디는 곳을 잘 보고 따라 걸어야 한다."

백장사는 바윗길을 훤히 꿰고 있는 것 같았습니다. 허리를 낮게 숙이고 바위 사이를 잽싸게 움직였어요. 울퉁불퉁한 바위를 날듯이 사뿐사뿐 뛰어다녔죠. 반면 이돌과 자야는 겨우 기어가듯 움직였어요.

자갈밭에 내려서자, 이번에는 강치들이 문제였습니다. 자야는 아까와는 달리 잔뜩 겁을 먹고서 이돌의 어깨를 으스러질 듯 움켜잡았어요.

"무서워."

"좀 전엔 귀엽다고 하더니."

강치들은 곁눈질만 할 뿐 이돌 일행에겐 관심도 없었어요. 꺼억꺼억! 소리치고, 까닥까닥! 고개를 흔들었죠.

해적들에게 들키지 않고 고모가 있는 곳까지 다다를 수 있었던 건 순전히 강치들 덕분인지도 몰라요. 시끌시끌 떠들어 대면서도 이리저리 움직여 길을 비켜 주었고 몸을 가려 주었으니까요.

바윗골 앞에 다다랐을 때, 백장사가 낮은 소리로 불렀어요.

"섭섭아!"

그러자 안쪽에서 그림자 하나가 벌떡 일어나 달려왔습니다. 작달막한 키에 머리는 비녀로 쪽을 지었고 얼굴이 갸름했습니다.

"오라버니!"

동시에 같이 웅크리고 있던 도적들도 헤벌쭉 웃으며 달려왔어요.

이돌은 잠시 멍해졌죠.

왜냐고요? 그 사람들의 머리 모양이며 생김새가 백장사와는 딴판이었으니까요. 맨발에다 옷차림새도 전혀 달랐어요.

이돌과 자야가 동시에 같은 생각을 한 건 당연해요.

'일본 사람!'

백장사가 아까부터 말했던 그 도적놈들이 일본 사

람이었던 거예요.

'도대체 일이 어떻게 되어 가는 거지?'

백장사는 맞잡았던 섭섭 고모의 손을 놓고 도적놈이라던 이들과도 부둥켜안았어요. 그것도 아주 반가운 얼굴로 말이죠.

백장사는 다정하게 이름까지 불렀어요.

"시로, 요놈 많이 컸구나. 어른이 다 됐네그려."

시로는 머쓱하게 머리를 숙이며 인사했어요.

"저도 이젠 애아버지라고요."

"허허, 다로, 지로, 사부로! 자네들도 반갑네."

"백장사가 왔으니 이제 살았네."

'분명 아까까진 도적놈이라고 이를 갈았는데……?'

더 이상한 건 썩 유창하지는 않아도 일본 사람들이 우리말을 하고 있다는 거예요. 정말 신기한 노릇이었습니다.

백장사가 고모에게 물었어요.

"무슨 일이 있던 거냐?"

주로 고모가 이야기하고 도적들이 가끔씩 거들었어요.

사정은 이랬어요.

"오라버니, 나하고 시로랑 아주버니들이랑 이렇게 다섯이서 배를 타고 그끄저께 떠났어요. 그런데 어제 저 배가 다가오더니, 칼을 들고 다짜고짜 윽박지르지 뭐유."

시로가 끼어들었어요. 제일 어려 보였는데, 바로 고모부였어요. 나머지 셋은 시로의 형들이었습니다.

"그놈들은 해적 갱이패예요. 작년에 막부 군사에 걸려 몰살당했다고 했는데, 거기서 살아남은 패거리죠."

"칼에 쇠도끼에 창까지 들었다네."

"우리 배에 훔칠 게 없으니, 어디 가냐 묻대. 그래서 독섬에 가는 길이라고 했더니 '잘됐다. 강치가 비싼

값이니 대신 잡아 주면 풀어 주겠다.' 합디다."

"우린 돌아가는 길에 명태, 정어리나 잡을 작정이었지, 강치는 꿈도 안 꿨어."

이야기를 다 들은 백장사의 짙은 눈썹이 아래위로 움직거렸어요.

"이놈들이 허락도 없이, 독섬에 와서 강치를 잡겠다고? 아주 요절을 내야겠다." 하며 성큼성큼 자갈밭 쪽으로 걸어가는 것이었습니다.

시로 형제가 화들짝 놀라 백장사의 옷깃을 잡고 말렸어요.

"저쪽은 해적이우."

"이봐, 자네가 아무리 장사여도, 수가 너무 많아."

백장사가 소리를 버럭 질렀죠.

"사내놈 넷이서 내 동생 하나 보호 못 하냐! 에이그, 이런 머저리들!"

그 소리에 시로 형제들은 합죽이처럼 입을 다물었

어요.

섭섭 고모는 팔짱을 끼고 이 모습을 마냥 지켜보았어요. 그러다 멀찍이 서 있는 이돌과 자야를 발견하곤 눈이 휘둥그레졌습니다.

"에구머니나! 동이야! 서이야!"

섭섭 고모가 한달음에 달려와 껴안는 바람에 이돌과 자야는 숨이 막힐 지경이었어요. 그러는 중에도 둘은 자갈길을 저벅저벅 걸어가는 백장사에게서 눈을 뗄 수가 없었어요.

'저쪽엔 무기를 든 해적이 일곱인데……'

'어쩌려는 거지?'

해적 패거리

독도는 동쪽과 서쪽 두 개의 섬으로 되어 있어요. 이돌과 자야가 있는 곳은 동쪽 섬 해안가였습니다. 바다 물길을 사이에 두고 맞은편에 서쪽 섬이 솟아 있었어요.

그리고 지금 아버지, 아니 조선 어부 백장사가 자갈을 밟는 소리가 데그럭데그럭 서쪽 절벽에 부딪혀 메아리치고 있습니다. 자갈밭 끝에 널브러져 있던 해적 무리도 어느새 눈치를 챈 모양입니다. 뭐라고 뭐라고

지껄이는 듯하더니 곧 소란스러워졌어요.

이윽고 해적 하나가 걸어 나왔습니다. 어깨엔 자기 키 두 배는 되어 보이는 창을 걸쳤어요. 그리고 그 뒤로 또 한 해적이 어슬렁어슬렁 기어 나왔는데, 쇠뭉치, 맞아요. 철퇴를 붕붕 흔들어 댔어요.

이돌은 걱정이 되기 시작했죠.

"이쪽은 혼자고, 저쪽은 둘…… 그리고 그 뒤에 더 있어."

자야 목소리가 떨렸어요.

"어떡해. 저렇게 혼자 가도 돼요? 해적인데……?"

어쩌면 비겁한 건 이편에 있는 이들인지 몰라요. 섭섭 고모와 같이 온 사람들 말이죠. 시로만이 자갈밭 중간에서 주춤거리고 있었습니다. 나머지는 멀찍이 떨어져 우물쭈물했어요. 더 이상한 건 섭섭 고모예요. 아까부터 아무렇지도 않은 듯 두 아이의 볼만 쓰다듬고 있습니다.

이돌이 말했어요.

"아버지가 위험해요."

섭섭 고모가 대답했어요.

"정말 그런가 지켜보렴."

창을 든 해적과 백장사 사이가 스무 걸음쯤 좁혀졌을까?

"얍!"

창잡이가 창을 앞으로 꼬나들고서 기합을 넣는 소리가 쩌렁쩌렁했어요. 곧장 달려들 기세였습니다.

어이없는 건 백장사 쪽이었습니다. 조금도 겁먹은 모습이 아니에요. 잠시 무릎을 굽히더니 왼손에 자갈을 한 움큼 집어 든 게 다였어요.

"얍!"

드디어 해적이 꼬나든 창을 앞세워 달려들었어요. 그렇지만 창잡이는 고작 세 걸음밖에 못 떼었습니다.

"어이쿠!" 하며 앞으로 고꾸라지고 말았거든요.

'앗! 무슨 일이 벌어진 거지?'

백장사는 태연하게 한 걸음 한 걸음 앞으로 발을 떼고 있었죠. 이어 철퇴를 든 해적이 고함을 치며 달려왔습니다.

붕붕!

그 순간이었을 거예요. 백장사가 팔을 뒤로 젖히는가 싶더니…… 손에 쥐고 있던 자갈이 허공을 갈랐습니다.

쉬이잉!

쩍!

철퇴를 흔들던 해적이 코를 감싸 쥐고 뒤로 벌러덩 나자빠졌어요.

섭섭 고모가 그것 보란 듯 말했어요.

"거봐라, 우리 오라버니는 팔매질로 나는 새도 잡았는걸."

자갈로 해적들을 쓰러뜨리다니!

이제 남은 이는 다섯이에요. 조금 전까지 느긋이 지켜보던 해적들은 당황한 듯 우왕좌왕했어요. 백장사는 여전히 데그럭데그럭 자갈밭을 걸어가 해적 무리에게 다가가고 있었어요.

거리가 가까워졌습니다. 해적들도 이내 움직였죠.

양손에 칼을 든 해적이 앞장서 달려 나왔어요. 쇠몽둥이와 긴 칼이 그 뒤를 이었습니다. 멀리서 봐도 칼은 무척 길었고 햇빛에 번쩍였습니다.

백장사의 팔이 한 번 움직이자, 맨 앞에 달려오던 해적이 맥없이 자빠졌습니다. 그러나 그다음 팔매질은 빗나가고 말았어요. 저쪽도 백장사의 돌팔매질을 대비하고 있었던 거죠.

백장사와 쇠몽둥이와 칼잡이 사이는 어느새 다섯 걸음!

긴 칼끝이 닿을 것만 같았어요.

'너무 가까워!'

'아버지는 무기도 안 들었잖아.'

칼잡이가 칼을 머리 위로 치켜들었어요. "이얍!" 소리와 함께 칼이 허공을 가를 때였습니다.

백장사가 주저앉듯 몸을 낮추더니…….

부~웅!

동시에 두 다리가 솟구쳐 올랐어요.

"어이쿠!"

칼잡이는 엉덩방아를 찧고는 몸을 꼬부린 채 옆으로 쓰러졌어요.

태권도 빨간 띠 자야는 백장사의 기술이 모둠 차기란 걸 한눈에 알아봤어요. 다음 동작은 더 빨랐습니다. 곧장 몸을 돌리는가 싶더니 발로 휘익 허공을 가르며 다시 돌아섰어요.

자야가 외쳤지요.

"저건 돌려 차기야."

쇠몽둥이를 든 해적은 손쓸 틈도 없이 뒤로 나가떨

어졌어요.

이제 남은 이는 단둘뿐이에요.

이돌이 말했어요.

"죽었나?"

섭섭 고모가 대답했습니다.

"죽진 않았을 거야."

나머지 상대는 만만치 않았어요. 둘이 함께 아버지에게 칼을 겨누었죠. 하지만 섣불리 공격하지 않고 기다렸습니다.

백장사도 어느 결에 칼 한 자루를 쥐고 있었어요. 쓰러진 해적의 칼이었죠.

기다란 칼 둘과 작은 칼 하나!

백장사와 칼잡이들 사이에 팽팽한 기운이 감돌았어요. 지켜보던 시로 형제는 주먹을 쥐고 거푸 신음을 냈죠. 섭섭 고모만큼은 아까보다 더 차분해져 있었어요. 묻지도 않았는데 옛날이야기를 읊기 시작했으니까요.

"애들아, 너희 아버지가 한때 조선 군영에서 가장 잘나가는 군관이었다는 걸 알아 둬라. 부산 수군 중에 '백장사'라면 모르는 이가 없었거든. 팔매질에 발차기도 썩 잘했지만, 무엇보다 칼 다루는 솜씨가 으뜸이었지. 저것 보렴."

이돌과 자야는 입을 다물 수가 없었습니다.

마치 칼춤을 추는 것 같았거든요. 해적 둘이 연신 칼을 휘둘러 댔지만, 백장사의 몸놀림은 부드럽고 빨랐어요. 가볍게 칼끝을 피했죠. 그러다가 칼잡이들과 몸이 맞닿는 순간, 백장사의 칼은 기다렸다는 듯이 짧고 빠르게 움직였어요. 칼이 몸에 닿는 것도 보이지 않을 정도였어요.

칼잡이들은 고개를 푹 꺾으며 풀썩풀썩 주저앉았습니다.

자야가 비명을 질렀어요.

"꺅, 죽었어!"

섭섭 고모가 자야를 달랬어요.

"아냐. 칼등에 맞아 잠시 기절한 것뿐이란다. 오라버니는 누구도 죽이지 않아. 군관 일을 그만두고 어부가 된 뒤로 다시 칼을 들지 않았지. 너희가 태어나고부터 말이다."

시로 형제들이 자갈밭을 달려가고 있었어요.

독섬을 지키는 이들

날이 어둑해지고 있었어요.

해적들은 이가 부러지고 코뼈가 부러지거나 피멍이 들었어요. 죽지 않은 것이 다행일 정도입니다. 혼자 해적 일곱을 해치우다니…….

이돌은 직접 그 광경을 보고도 믿기지가 않았어요.

풀이 죽은 해적들을 앞에 두고 백장사가 호통을 치고 있는 모습이 보였어요. 물론 백장사가 우리말로 말하면 시로가 일본 말로 다시 말했죠. 이렇게요.

"너희 왜놈들은 해적질을 하다 하다 못해서 이곳 멀고 먼 독섬까지 와서 강치를 도적질해 가느냐. 여기는 대대로 내려온 우리 조선 땅이다. 나 조선 어부 백 장사는 일찍이 안용복 어른과 함께 일본 태수를 만난 사람이다. 이곳은 엄연히 조선 바다이다. 일본 어부들이 함부로 고기잡이를 해선 안 된다고 약조한 걸 잊었느냐!"

자야가 이돌에게 귓속말을 했어요.

"들었니? 안용복이라고 했어. 너, 아니?"

이돌이 알 리 없습니다.

"아니."

"내가 적어 놓은 인물 목록에 그 이름이 있어. 50번에서 60번 사이에……."

"넌 알아? 어떤 사람이야?"

"난 아직 20번까지밖에 공부 못 했어. 안용복은 이 독도랑 관련된 인물일 거야."

이때 섭섭 고모가 슬며시 말했어요.

"네 아버지가 막 관군 장교를 그만두고 어부 일을 시작했을 때였단다. 오라버니는 이 독섬을 끔찍이 여겼지. 며칠씩 이곳에서 지내곤 했으니까. 저기 강치 좀 봐라. 어느 날 일본 어부들이 와서 강치를 몽둥이로 때려잡는 걸 보곤 오라버니 눈이 뒤집혔지. 그 시절엔 일본 어부들이 독도까지 와서 몰래 고기를 잡아가는 일이 잦았는데, 오라버니가 안용복 어른과 함께 일본에 가서 그 일을 따졌어. '왜 일본 어부가 조선 바다에까지 와서 함부로 고기를 잡는가!' 그때 오라버니의 성난 모습은 두 번 다시 보고 싶지 않구나."

저쪽에선 백장사의 말이 계속되고 있었어요.

"다신 이곳에 얼씬도 하지 마라. 당장 너희를 조선 관아로 잡아가고 싶지만, 이 정도로 그치는 걸 고맙게 여기거라. 알겠느냐?"

시로는 손짓 발짓 해 가며 겁주듯 말했고 해적들은

잔뜩 주눅이 들어 고개만 끄덕였어요.

궁금한 게 많은 자야가 섭섭 고모에게 물었습니다.

"시로는 일본 사람인데 어떻게 우리말을 해요?"

섭섭 고모가 빙긋 웃음을 지어 보였어요.

"다 시로 아버지 덕이지. 나도 들은 얘긴데, 시로 아버지와 저기 아주버니 다로가 풍랑에 밀려 울릉까지 피해 왔더란다. 근데 여기가 썩 맘에 들었나 봐. 이곳에 아예 눌러앉았지. 얼마 뒤엔 식구들까지 다 데리고 왔대. 시로는 여기 울릉에서 태어났고. 난 시로랑 어려서부터 동무로 지냈는데, 어쩌다 부부가 되었지 뭐냐."

백장사가 이쪽을 번갈아 보며 소리치는 게 들렸습니다.

"여기 일본 어부들은 내 식구들이다. 섭섭이는 내 누이다. 만약 네놈들이 나쁜 마음을 품고 조금이라도 해코지를 했다간 내가 일본 땅을 다 뒤져서라도 네놈들을 찾아 요절을 내놓을 테다."

그렇게 혼쭐이 난 해적들은 기다시피 해서 자신들의 배를 타고 떠났어요.

시로와 형제들은 불을 지피고 저녁밥을 짓고 있습니다. 배에 싣고 온 음식들을 잔뜩 부려 놓았죠. 백장사도 배에서 광주리를 두 개나 짊어지고 왔어요.

자야가 섭섭 고모한테 장난스레 물었어요.

"아버지가 시로를 도적놈이라던데요?"

"어머나, 오라버닌 아직도 그런 미운 말을 쓰니?"

"정말 도적인 줄 알았다고요."

"일본으로 날 데리고 도망치듯 떠났으니, 딴에는 그럴 만도 하지."

"왜요? 여기서 살면 안 돼요?"

"조선 관아에서 울릉에 일본 어부가 사는 걸 알곤 다 쫓아냈거든. 더는 살 수 없었던 거야. 그때는 나도

배 속에 아기가 있었구나."

자야가 놀라 입을 막았어요.

"어머나!"

백장사가 저벅저벅 다가오고 있었어요.

"섭섭아, 3년 만에 조카를 보니 소원을 풀었느냐."

"네, 오라버니. 다시 3년 뒤엔 오라버니도 조카를 볼 수 있을 거예요."

"많이 컸겠구나."

"이름이 뭔 줄 아세요?"

"젠장, 왜놈 이름이겠지."

"마루예요."

"허허, 마루라……. 좋은 이름이다."

백장사는 조카 이름을 듣곤 흐뭇한 모양입니다.

섭섭 고모는 이렇게 독섬에서 몰래 만날 수 있는 것만도 다행이라고 했어요. 일본 어부들은 함부로 이 섬에 와선 안 되니까요. 어디까지나 오라버니 덕분이라고요.

섭섭 고모가 말했어요.

"아 참, 너희에게 줄 게 있단다. 일본에 요즘 부쩍 서양 배들이 자주 드나드는데 신기한 물건들이 얼마나 많은 줄 아니?"

자야는 쿡쿡 웃음이 나오려는 걸 참았어요. '서양 배'라면 유럽 사람들이겠죠?

섭섭 고모가 품에서 뭔가를 꺼냈습니다. 종이 쌈지를 펼치자, 작은 손거울이 보였어요.

"서이 네 거다."

자야는 두 손으로 손거울을 받아 들었어요.

다음은 이돌 차례였습니다.

섭섭 고모가 한쪽 눈을 찡긋하며 말했어요.

"시장에서 요걸 보자마자 동이 네 얼굴이 떠오르지 뭐냐."

'앗, 이건……?'

파란 구슬!

이돌 손바닥에 올려진 구슬은 독도 앞바다처럼 새파랗게 빛났습니다.

이돌은 단번에 그게 무얼 뜻하는지 깨달았어요.

'아, 섭섭 고모와 더 이야기하고 싶었는데……'

시간은 기다려 주는 법이 없습니다.

자야는 손거울에 정신이 팔려 있어요. 이돌이 자야의 손목을 잡으며 말했습니다.

"자야, 떠날 시간이야!"

파란 돌

다시 초록 문 앞이에요.

자야는 멍하니 서서 중얼거렸어요.

"하얀 돌멩이일 줄 알았는데, 파란 돌이었어……."

그러다가 옷을 뒤져 댔습니다.

"어디 갔지? 섭섭 고모가 준 손거울이 없어졌어!"

이돌이 일러 주었어요.

"초록 문 너머로는 어떤 것도 가져갈 수 없어. 가져올 수도 없지. 모든 게 그대로이고, 돌멩이만 남아."

파란 돌을 보던 자야 눈이 반짝였어요.

"아냐, 바뀌는 것도 있어. 우린 초록 문을 넘기 전이랑 달라졌잖아."

이돌은 가슴에서 쿵! 소리가 나는 걸 들었습니다.

그날 밤, 이돌은 인터넷 검색창을 열었어요.

조선 군관 백장사

아무것도 뜨지 않았습니다.

이번에는 안용복!

조선 후기 어부이자 민간 외교가. 한때 조선 수군으로 활동하다가 어부가 되었다. 1693년 일본 어부들이 울릉도에서 고기를 잡자, 이를 항의하러 일본으로 건너가…….

| 역사의 한 순간 |

만약 누가 "독도가 우리 땅이라는 증거를 말해 봐!"라고 한다면?

먼저 아래의 일곱 가지를 기억해.

1. 512년 신라 지증왕 때, 이사부가 우산국을 신라 땅으로 삼았어. 여기서 우산국은 울릉도와 독도를 말해.
2. 조선 태종은 울릉도에 관리를 보내 섬사람들을 육지로 이사하도록 했어. 너무 먼 데다 해적이 들끓으면서 우리 어부들이 피해를 입어서였어. 그러자 일본인들이 울릉도와 독도에 드나들게 되었지. 그 뒤로도 조선은 여러 차례 군사를 보냈고, 몰래 섬에 들어와 살던 일본인들을 쫓아내기도 했지.
3. 《세종실록지리지》에 "동해에는 울릉(무릉)도와 독(우산)도가 있는데, 맑은 날이면 울릉도에서 독도가 보인다."라고 쓰여 있어.
4. 1693년 어부 안용복은 울릉 앞바다에서 일본 어부를 발견

하고 일본까지 쫓아갔어. 그러곤 일본 도주에게서 일본인들을 울릉 바다에 가지 못하게 하겠다는 약속을 받아 냈지.

5. 조선 고종은 1900년에 울릉도에 관리를 보내고 독도가 우리 땅임을 밝혔어.

6. 1951년 샌프란시스코 강화 조약에서, "일본은 한국의 독립을 승인하고 제주도, 거문도, 울릉도를 포함한 한국의 모든 권리와 청구권을 포기한다."라고 했어. 오늘날 일본은 이 조약에 '독도'라고 따로 적지 않았다며 시비를 걸어와. 그런데 우리나라 섬이 3000개도 넘는데 그걸 어떻게 일일이 다 적겠어?

7. 1945년 해방 이후 70년 넘게 대한민국이 독도를 지키고 있다는 것!

어때? 독도가 우리 땅인 건 의심할 수 없지!

역사의 한 순간

책씨앗 | 고래가숨쉬는도서관 | 행복한아침독서 추천도서

수상한 글자를 만나다 | 세종 대왕 편 |

세종 대왕은 왜 한글을 만들었을까? 그리고 한글 창제를 끝까지 막으려 했던 사람들은 도대체 누구였을까? 주인공 이돌이 초록 문을 지나 도착한 시간은 세종이 밤낮없이 한글 창제에 매달리고 있던 순간이었다. 그곳에서 한글 창제에 결사반대하는 최 교리와 맞닥뜨리는데⋯.

거대한 줄다리기 | 이순신 편 |

단 열세 척의 배로 133척의 왜군을 무찔렀던 위대한 역사, 명량 대첩이 벌어졌던 바로 그 순간으로 역사 여행을 떠난 이돌. 알 수 없는 자객을 따돌리며 도착한 바닷가 작은 마을에서 겪은 일은 뜻밖에도 이상한 줄다리기 시합이었는데⋯.

네 발의 총소리 | 김구 편 |

'뭔가 빠뜨린 것 같은데⋯?' 아쉬운 발걸음을 떼며 건물을 나서던 순간 들려온 네 발의 총소리! 눈빛이 매서운 남자를 피해 겨우 집으로 돌아갔지만 컴퓨터에서 마주한 역사적 사실에 이돌은 눈물을 멈추지 못하는데⋯.

나무에 새긴 간절한 희망 | 팔만대장경 편 |

보물을 가득 실은 배가 들어온다는 소식에 사람들은 모여들고, 무언가 비밀을 숨긴 늙지를 따라 배에 오른 이돌. 그곳엔 뜻밖에도 글자가 새겨진 팔만 장의 나무 판이 있었다. 그리고 바다 건너편에서 갑자기 수백 개의 깃발이 나부끼는데⋯.